Ludwig Thuille, Otto Julius Bierbaum

Lobetanz

ein Bühnenspiel in 3 Aufzügen

Ludwig Thuille, Otto Julius Bierbaum

Lobetanz
ein Bühnenspiel in 3 Aufzügen

ISBN/EAN: 9783743356474

Hergestellt in Europa, USA, Kanada, Australien, Japan

Cover: Foto ©Thomas Meinert / pixelio.de

Manufactured and distributed by brebook publishing software
(www.brebook.com)

Ludwig Thuille, Otto Julius Bierbaum

Lobetanz

Lobetanz

Ein Bühnenspiel in 3 Aufzügen

Dichtung von
OTTO JULIUS BIERBAUM

Musik
von

Ludwig Thuille.

Vollständiger Klavierauszug mit Text
von
HERM. BISCHOFF.

Pr. 12 Mk. netto.

Eigenthum des Verlegers für alle Länder.
Mit Vorbehalt aller Arrangements.

BERLIN W. Potsdamerstr. 7ª
A. DENEKE, MUSIKVERLAG.

Leipzig Fr. Hofmeister   Eigenthum für Russland: P. Neldner, Riga.

Lith. Anst. v. C. G. Röder, Leipzig.

Lobetanz.

Ein Bühnenspiel in 3 Aufzügen

von

Ludwig Thuille.

Text von Otto Julius Bierbaum.

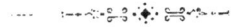

Es treten im Spiele auf:

Lobetanz .... *Tenor.*
Die Prinzessin .... *Mezzo - Sopran.*
Der König .... *Bass.*
Die Erste der Braunen .... *Sopran.*
Die Erste der Blonden .... *Sprechrolle.*
Der Förster .... *Sprechrolle.*
Der Henker .... *Sprechrolle.*
Der Richter .... *Sprechrolle.*
Die Sänger .... *Männerchor.*
(4 fach besetzt)
Der Erste der Gefangenen .... *Bass.*
Der Zweite der Gefangenen .... *Sprechrolle.*
Der Dritte der Gefangenen .... *Baryton.*
Der alte Gefangene .... *Bass.*
Ein Bursch aus dem Volke .... *Tenor.*

Mädchen. Pikeniere. Musiker. Gefangene. Zwei Herolde.
Blütenzweigträgerinnen. Fahnenschwinger. Volk.

Lobetanz.

INHALTS-ÜBERSICHT.

Erster Akt.

Die Mädchen streuen unter Singen und Tanzen Rosen und werden dabei von Lobetanz überrascht, der hinten über die Mauer gesprungen ist und die Erste der Braunen küsst. Wie er Anstalt macht, auch die Übrigen zu küssen, flüchten sich diese lachend und bergen sich hinter den Marmorstühlen. Von dort aus geben sie Lobetanz auf seine Frage, ob hier eine Hochzeit im Gange sei, Bescheid, dass heute Singetag stattfinde. Wie Lobetanz dies vernimmt und von den staatlichen Sängern hört, will er sich gleich wieder davon machen. Die Mädchen halten ihn mit Neckereien fest und die Erste der Braunen singt ihm das Lied von der schwermütig gewordenen Prinzess, während ihm die Erste der Blonden mitteilt, dass eben die wohlbestallten Sänger berufen seien, diese Schwermut durch Lieder von neuer, unerhörter Art zu heilen. Lobetanz will trotzdem weiter. Er meint, er passe nicht unter diese „wohlangezogenen Dichter“, er mit seinem zerschlissenen Wamms. Da bestecken ihm die Mädchen sein Gewand mit Rosen und num behagt es ihm zu gut, als dass er sich nicht entschliessen sollte, zu bleiben. Er wird von den Mädchen in die Springbrunnenlaube geführt, in der er sich verbirgt.

Der Zug des Königs mit der Prinzessin und den Sängern tritt auf, das Volk jubelt den beiden zu, der König lässt den Singetag des Königs zu stossen. Aber Lobetanz lehnt das ab und will lieber in und das Volk fallen ein und die Sänger beginnen sofort, in einem überstürzten Durcheinander jeder in einem anderen Tone, den Beginn der von ihnen bereit gehaltenen süsslichen Huldigungs-Lieder hervorzu- stossen. In diesem Wirrwarr, der durch eine spöttische Strophe der Mädchen noch vergrössert wird, klingt eine Geigenmelodie aus der Springbrunnenlaube. Von den Lippen der Prinzessin kommt ein lautes, beglückt- erstauntes „Ach!“ Die Sänger remonstrieren wütend gegen die Störung, aber die Prinzessin bittet den König, dass er den Geiger singen lassen möge. Der König ruft Lobetanz vor und dieser schreitet durch die Reihen der ihn zum Singen aufmunternden Mädchen. Sein Lied an die Prinzessin, von den Mädchen zustimmend, von den Sängern zornig unterbrochen, übt auf die Prinzessin die tiefste Wirkung aus. Wie im Banne des Geigers lauscht sie ihm in immer steigender Glückserregung und sinkt, wie es zu Ende ist, wie tot zurück. Wütende Rufe der Sänger, während die Mädchen für Lobetanz eine Gasse bilden, durch die er entkommen kann. Die Prinzessin erwacht und singt wie im Traume den Ausklang von Lobetanzens Lied nach.

Zweiter Akt.

Lobetanz sitzt rittlings auf dem Geländer eines in einer Linde befindlichen Ruhesitzes und singt. Der Förster tritt aus seinem Hause und begrüsst ihn. Lobetanz erzählt ihm, was ihm heute beim Aufwachen in der Linde begegnet sei: wie ihm ein Rabe drei bunte Vögel vertrieben habe, die bei ihm gesessen, wie er sein Barett nach dem Raben geworfen und wie dieser es mit seinem Schnabel gepackt und davon- getragen habe. Der Förster bedeutet ihm scherzhaft, dass der Rabe damit zum Galgen geflogen sei, und ladet ihn ein, mit ihm zur Jagd des Königs zu stossen. Aber Lobetanz lehnt das ab und will lieber in der Linde weiter hausen. Halb träumend denkt er an seine Mutter und die Prinzess. Er ruft sich ihr Antlitz ins Gedächtnis, wie fein ihre Haare, wie weiss ihre Hände gewesen seien und die Augen, — ob braun oder blau? Plötzlich ergreift ihn die Angst, sie könne krank sein und mit einem Ruck reisst es ihn auf, zu ihr zu eilen. Da betritt sie die Waldwiese und entlässt ihre Begleiterinnen. Sinnend und mit

Versen aus Lobetanzens Lied im Munde schreitet sie der Linde zu. Da, wie sie seinen Namen ausruft, giebt er sich zu erkennen, springt vom Gerüst und kniet im Willkommensgrusse vor ihr nieder. Die Prinzessin beugt sich über ihn, er richtet sich auf und küsst sie. Sie steigen miteinander zur Linde auf. Wechsel- und Einzelgesang der beiden, die alles um sich vergessen. Da erscheint der König mit seinem Jagdzuge. Einer aus dem Gefolge zeigt dem König das Paar in der Linde. Dieser befiehlt, Lobetanz zu greifen. Die Prinzessin fleht, von ihm abzulassen, aber Lobetanz wird gefesselt hinuntergeführt, während ihn die Sänger höhnisch anrufen und die Prinzessin in Ohnmacht sinkt.

Dritter Akt.

Lobetanz im Kerker unter gefangenem Gesindel, das ihn, halb zuthunlich, verhöhnt, indem es ihn fragt, wie man es anzustellen habe, wenn man Prinzessinnen verzaubern will. Lobetanz schweigt. Aber als sie ihm cynisch Mut zusingen für seinen letzten Gang, da ergreift ihn ein gräulicher Humor und er singt ihnen die Ballade vom Tode und dem Zecher, die sie zum Teil mitsingen, zum Teil (in der Gestalt eines glatzköpfigen Alten, der den Tod darstellt und zweier Weiber, die zum Liede tanzen), mimisch begleiten. Zum Schlusse des Liedes thut sich die Thüre auf und der Henker erscheint. Wie er seine Hand auf Lobetanzens Schulter legt, schlägt, wie von einem Windstosse, die Thüre zu und die Scene verfinstert sich vollständig.

Beim Aufhellen zeigt sich der Galgenhügel, zu dem im Morgengrauen das Volk strömt. Ein halblautes Lied eines jungen Burschen, dann kommt der Henkerszug mit Lobetanz. Der Richter verkündet das Verbrechen Lobetanzens, dass er die Prinzessin verhext habe, und das Urteil, dass er hier, angesichts der noch immer ohnmächtigen Prinzess, sterben solle, um durch seinen Tod sie zum Leben aufzuerwecken.

Der Zug des Königs mit der Bahre der ohnmächtigen Prinzessin erscheint. Die Bahre wird vor dem Galgenhügel niedergesetzt, der Henker giebt Lobetanz das letzte Wort. Dieser bittet, von den Mädchen unterstützt nur um Eines: dass er noch einmal geigen dürfe, denn er fühle, nur mit seiner Geige sei die Ohnmächtige ins Leben zurückzurufen, und wirklich belebt sich das Angesicht der Prinzessin, wie Lobetanz einen Geigenstrich thut. Sogleich gewährt nun der König die Bitte des Geigers. Dieser ruft seine Mutter als Helferin aus der Ferne an und singt und geigt dann die Prinzessin ins Leben. Wie ihm das gelungen ist, setzt er singend und geigend in eine Tanzmelodie um, die alle Anwesenden ergreift. Wie sich Alles im Tanze bewegt und nur Lobetanz und die Prinzessin in stiller Umarmung am Galgenstamme stehen, da fliegt ein Rabe über den Galgen und lässt Lobetanzens Barett herunterwehen, das nun den Galgen bekrönt. Das deuten die Mädchen als ein Zeichen dafür, dass heute noch eine Hochzeit sein werde, und der König macht die Deutung wahr, indem er Lobetanz als seinen Sohn begrüsst.

Alles wirbelt in buntem Tanze fort.

Lobetanz.

Ein Bühnenspiel in 3 Aufzügen.

Dichtung von Otto Julius Bierbaum.

Musik von **Ludwig Thuille**.

Erster Aufzug.

Ein blühender Frühlingsgarten. Rechts Rosenbüsche und eine Laube. Davor ein Springbrunnen. Links zwei Thronsessel. davor in runden Reihen breite Marmorsitze; beides reichlich mit Rosen umrankt. Alles ist in zarten Farben. Den Abschluss der Bühne bildet eine umbuschte Mauer. Wie sich der Vorhang öffnet, sieht man die Mädchen beschäftigt, Rosen zu streuen.

Einleitung.

Uebertragung von Herm. Bischoff.

Sanft bewegt, quasi Allegretto.

Die Mädchen. Es ist ein Reihn geschlungen, ein Rei - hen auf dem grü-nen Plan,

und ist ein Lied ge-sun - gen, das hebt mit Seh - - nen

an, mit Seh - nen al - so sü - sse, dass Wei - - -
dass Wei - -

A. 54 D.

Die Mädchen haben sich bei den Händen in Ringelreihart gefasst. So, in zwei Kreisen, die Braunen zusammen, und die Blonden zusammen singen und tanzschreiten sie weiter.

A. 51 D.

Frau? Ist sie hier zur Stel-le?

warteten, nach oben, indem sie im Schreiten einhalten. Dann sehen sie sich reihum schalkisch an, brechen
in ein helles Gelächter aus und beginnen aufs Neue den Ringelreihen.

Ei a, der hel-le Son - nenschein kennt nicht das schönste Jung - fräulein,

(Während des letzten Verses hat sich Lobetanz von jenseits auf die Mauer geschwungen, und blickt, die Beine hin-
unter hängen lassend, die Arme eingestemmt, lachend dem Treiben zu. Während des letzten Taktes springt er mit lustigem
Sprunge hinab. Die Mädchen hören es, und wenden sich, alle gleichzeitig, wie auf Commando, dem Burschen zu, der eine
gemessene Verbeugung macht. Da ruft die Erste der Braunen ihm zu, indem sie sich ihm nähert:)

He, du, der Garten der ist königlich, da springt man nicht so über die Mauer.

Müssig bewegt.

A. 54 b.

heut ist der frü-he Ro-sentag   Spring - froh sind mei-ne Bei-ne!   Wo

Ro - sen sind ein gan - zer Hag   Brech — ich mir ei - ne.

Er küsst die Braune auf den Mund. Die Mädchen im Chor durcheinander, komisch entrüstet, halb lachend: ohhh! ohh! Ei, der!

Lobetanz macht Anstalt, auch die Übrigen zu küssen. Alle weichen lachend

Rascher.

zurück nach den Marmorstühlen, hinter denen sie sich, niedergekauert, verbarrikadieren.

stringendo e

Dialog bis:
Ho, der stol-
ze! Kannst
du denn
geigen, und
singen auch?

crescendo

14

Dialog: bis: Lob. Hört mal Kinder, was ist's mit Eurem Ach!

hel - le. es liess un - sre klei - ne blon - de Prinzess kein

Trau - ern ü - ber die Schwel - - le. Ihr Lachen klang so

süss und zart wie jun - ger Vö - - gel Sin - gen.

Es klang vom Schloss ü - bers gan - ze Land wie Sil - - ber-glo-cken

A. 54 D.

Klin - - gen, das ganze Land war mai - - en-froh, der Kö - nig

mai - en - se - lig!

Etwas langsamer.

Da blasste der Prinzes-sin Wang, hin ——— schwand ihr Lachen mä - lig.

poco string. **Zurückgehalten.**

Ach, we - he Gott, o gro-sse Not, sie ward so bleich —— als wie der

Etwas zurückge-

Kleid?   Willst du ein gül-denes Geschmeid?   Was willst du denn, o

Ach!   Ach!

Etwas zurückge-

Clar.

p espress.

halten

sag' es mir,   All, was du willst er - füll' ich dir!

ritardando

Ach!   Ach! Ach!

halten

Vl.

ritardando

Str. u. Engl. fl.

A. 54 D.

Lobetanz.

Kin-der, wie acht ihr das kö-nig-li-che Fräulein nach, — mich dünkt,ihr lacht da-zu!

Etwas gedehnt.

Thut sie euch nicht leid, die Prinzess?

Die Erste der Braunen.

Wir wis-sen was die Krank-heit sei, wir wis-sen auch die Ar-ze-nei; Doch will man uns nicht fra-gen; die

A.54 D.

Dich-ter, die Wor - te - - wä -ger.   Ach!__   Ach!__

Ach!_____   Die Dich-ter,   die Dich-ter!

Dialog bis: Komm Lobetanz bleib. Kannst hinter uns in der Springbrunnlaube sein. Komm, bleib.

(Die Mädchen drängen sich an Lobetanz und bestecken sein Kleid mit Rosen, wo es zerschlissen ist. Die Erste der Braunen hängt ihm eine Rosenranke um.)

Lobetanz.

Mit Ro-sen aus-ge-flickt mein

Ziemlich lebhaft.

sempre p

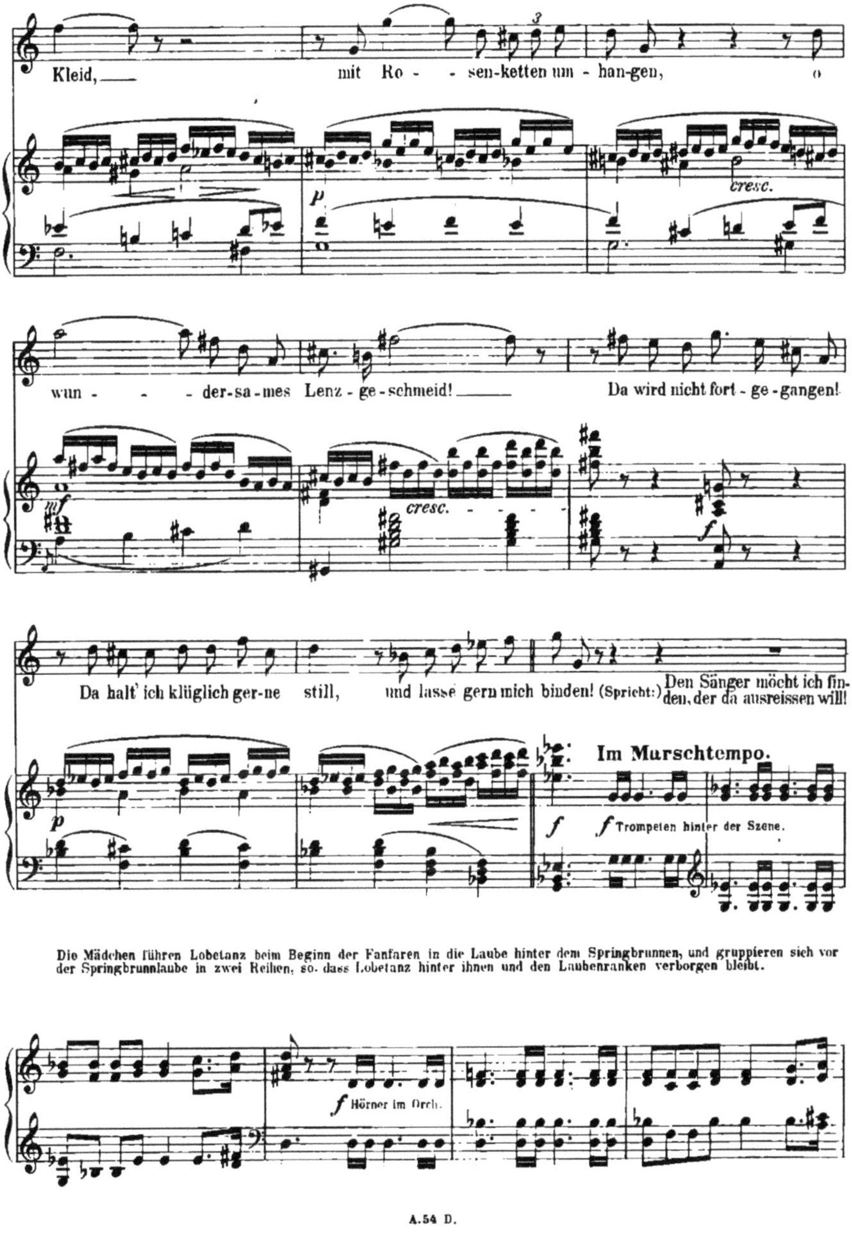

Kleid,____ mit Ro - - sen-ketten um - han-gen,

wun - - - der-sa-mes Lenz - ge-schmeid!____ Da wird nicht fort - ge-gangen!

Da halt' ich klüglich ger-ne still, und lasse gern mich binden! (Spricht:) Den Sänger möcht ich fin-den, der da ausreissen will!

Im Marschtempo.

Trompeten hinter der Szene.

Die Mädchen führen Lobetanz beim Beginn der Fanfaren in die Laube hinter dem Springbrunnen, und gruppieren sich vor der Springbrunnlaube in zwei Reihen, so, dass Lobetanz hinter ihnen und den Laubenranken verborgen bleibt.

Hörner im Orch.

Hier betritt der Festzug die Bühne. Vorn in bunter Phantasietracht (aber alles in frühlingslichten Farben) mit buntbewimpelten Spruchstäben, dann Blütenzweigträgerinnen, dann die Musik mit silbernen Trompeten, dann die Sänger in steifseidenen Mänteln (jeder mit einem grotesken Wappen bestickt), die Lyra im Arm, goldene Kränze auf den langhaarigen Köpfen (übertrieben würdevoll); dann Knaben, Wimpelstäbe schwingend, dann eine Gruppe Mädchen, die eine riesige Rosenguirlande tragen, von der der König und die Prinzessin eingeschlossen sind. Der König ist der einzige im ganzen Zuge, der eine entschiedene Farbe an sich hat: einen purpurnen Mantel. Dazu die goldene Krone. Er ist sehr wohlbeleibt, roi bonhomme, und trägt ein Szepter in Form einer goldenen Lilie. Die Prinzessin, schlank, blond, blass, ist ganz in weisser Seide und trägt gleichfalls ein Lilienszepter, aber aus Silber; sie hat einen Kranz von blassrosafarbenen Rosen auf. Der Zug wird beschlossen von Pikenieren in silbernen Kürassen, mit hohen, silbergrauen Reiterstiefeln, riesigen silbernen Helmen und langen Hellebarden.

Sehr gemessen.

Ein wenig bewegter.

Die Sänger treten auf.
Etwas langsamer. *Die Melodie mit übertrieben sentimentalem Ausdruck.*

Erstes Zeitmass.

A. 54 D.

Im Hintergrunde wird der König mit der Prinzessin sichtbar. Die Sänger greifen in die Harfen.

Breit.

Der König und die Prinzessin sind am Thron an-
gelangt. Das Volk ruft unter Fahnen-und Hü-
teschwenken:

„Vivat hoch unser guter König und
sein liebes Kind!"

(Der König und die Prinzessin verneigen sich dankend

vor der Menge.)

Doppelt so langsam.

Der König.

Sag du, mein Kind, den from-men Gruss dem frü-hen Ro-sen-ta-ge!

(Die Prinzessin erhebt sich langsam, müde, mit einem schwachen gütigen Lächeln, indem sie ihr Lilienszepter im Kreise über die Menge erhebt.)

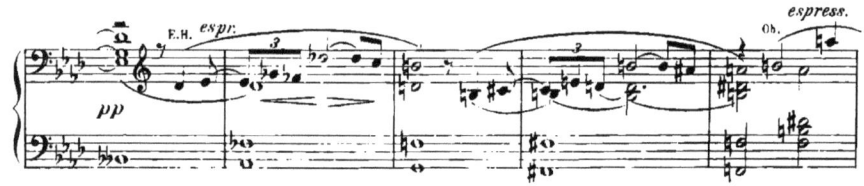

Schön - - heit schwei - - gend ein.

Ein gött - - li - ches Be - gü - - ten be - gna - - - det nun die Welt.

die Melodie hervorheben!

es ist ein himm - lisch Hü - - ten, das uns in Ar - men hält.

Wir sind ihm hin - ge - ge - ben in sehn - - - suchtsvol - lem

Re - - ben, dem, _____ was da kom - men soll.

Sehr getragen.

Lasst uns in za-gem Schweigen dem Hei - li-gen uns

nei - gen, das al - ler Wer-de-se - lig-kei-ten voll!

Sopr. Alt.

Chor.

Lasst___ uns in za - gem

Tenor. Bass.

Schwei - gen dem Hei - - - li-gen uns nei - gen, das al - ler Wer-de-se - lig-kei-ten

voll!

Leicht bewegt. Die Mädchen.

Sin - ge-tag! Sin - ge-tag! Lasst uns nicht lange

war - ten!

Wer macht ge - sund un - sre goldne Prin - zess im hel - len

Str.

Clar.

Ro-sengar-ten?

Sopr. Alt.

Wer macht ge - sund un-sre goldne Prin - zess im hel - len

Chor.

Ten. Bass.

Ro - sen-gar-ten?

Klirrende Bewegung unter den Sängern. Sie stehen allesammt auf und stürmen, dass die
seidenen Mäntel bauschen, dem Throne entgegen, hoch die Leyern gehoben.

Sehr lebhaft.

Vc.

Alle halten sich die Ohren zu, der König wehrt gutmütig ängstlich ab, und die Prinzessin hält beide Hände wie im höchsten Entsetzen vor sich. Da winkt der König den vier Trompetenbläsern auf der Bühne, die mit ihrer Fanfare in den Lärm der Sänger hinein blasen.

A.54 D.

Die Sänger geraten unter sich in heftigen Streit und erheben ihre Harfen gegeneinander. Das Volk amüsiert sich und lacht.

(spottend)

Die Mädchen und Frauen.

Die Dich - ter, die Dich - ter mit

In diesem Hin- und Her- gewoge wendet sich der König stummfragend an die Prinzessin, die langsam und müde das Haupt schüttelt.

Har - fen-ge- rupf, die Dich - ter, die Dich - ter mit Sai - ten-ge -zupf, die

Dichter, die Dichter, die Ly - ra - schläger, die Dich-ter, die Dichter, die

A. 54 D.

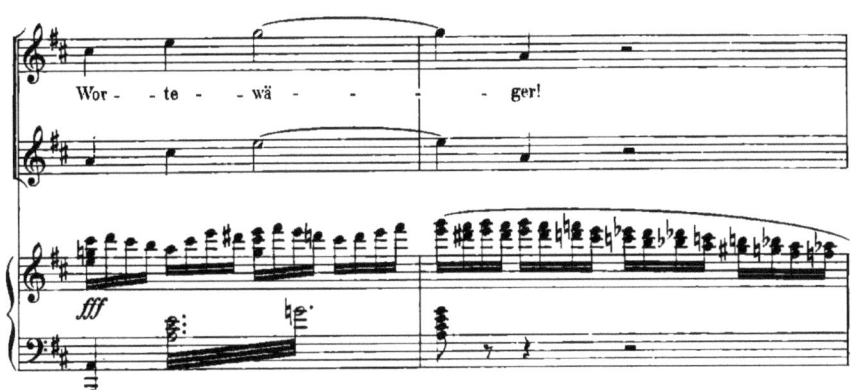

Wor - te - wä - - - - ger!

Solo Violine.
(hinter der Spring-
brunnlaube)

Beim Erklingen der Violine (die aus der
Springbrunnlaube heraus zu tönen scheint)

Langsam.

setzt das Gelärm sofort aus, und alle Köpfe wenden sich nach der Laube, die Prinzessin richtet sich ein wenig auf und

sieht mit weit offenen Augen gleichfalls dorthin.

A. 54 D.

Die Prinzessin hat mit steigendem Entzücken der Geigenweise gelauscht; am Schlusse derselben kommt von ihren Lippen, wie im Traume, ein lautes, beglücktes „Ach!"

Sehr lebhaft.

Die Sänger: (entrüstet)
Wer geigt denn hier,
da noch nicht wir,
wir! wir! begonnen haben?!

Lobetanz
(aus der Springbrunnenlaube hervortretend)

Frisch, doch nicht zu hastig.

Ich, und Verlaub, meine Herrn Sänger, ich! vergebt, ich hab's halt nimmer ausgehalten vor Eurem Harfengeraufe; drum frug ich meine liebe Frau da, meine Geige, ob ich fliehen sollte vor Eurem Saitenrasseln, oder bleiben, und siehe da, Ihr hörtet, wie sie sang: bleib da!

(auf „Saitenrasseln")

Tenor I.

Die Sänger (bös durcheinander)

Ein ge-mei-ner Fiedler ist er, ein Lump!

Tenor II.

Fort mit dem Spötter! Ein Land-streicher!

Bass I.

Fort mit dem Spötter! Ein Lump!

Bass II.

Die Ma - je - stät hat er beleidigt!

(Er geigt)
Sologeige

A. 54 D.

42

A. 54 D.

sich zu einer schönen Gasse teilen um **Lobetanz** durchzulassen. **Lobetanz** schreitet ruhig durch die Reihen der Sänger, die ihm bös mit Blicken drohen, nimmt dann seine Geige unter den Arm, senkt, wie einen Degen, den Fiedelbogen, und

Die Mädchen.

Sing', Lo - betanz, sing!_____ Sing!_____

Sing', Lo - betanz, sing!_____

neigt, vor das Thronzelt gekommen, ein wenig den Kopf. Der König sieht ihn ungewiss an, dann blickt er fragend auf die Prinzessin, die keinen Blick von **Lobetanz** lässt.

Lobetanz.

Herr Kö-nig, hier bin ich!

Die Mädchen. Sing, Lo - betanz, sing!___ sing!___

Sing, Lo - betanz, sing!___

Der König senkt sein Lilienszepter.

Langsam.

Lobetanz lächelt zuerst, dann thut er einen

Blick auf die Prinzessin, und seine Blicke trinken die ihren. Dann schliesst er seine Augen auf eine kurze Weile,

setzt die Geige an, als ob er spielen wolle, dann setzt er die Geige wieder ab, und beginnt, ganz leise, als ob er
allein wäre, zu singen:

A. 54 D.

Lobetanz.

Soll ich, soll ich singen zu dir, — sin-gen zu dir, — du stil-les Kind, stil-les Kind in der kö-nig-li-chen Sei - de? Sind dei-ne Bli-cke so hold, so reich, tief und räthsel-süss wie der Kelch der jungen Ro-se Himmels-au-gen, ban-ge, gro-sse Au - gen aus dem Him-mel-reich!

A. 54 D.

Solo Vl.

Gei-ge, Gei-ge, mei-ne Lieb-frau-e, deine Stimme ist viel zu

rau-he, meine See-le ist viel zu wild! —

p molto cresc.

Schwei-gend küsst mein Herz das Bild, — das ich mit dem Herzen

Lobetanz und die Prinzessin wie im Blickebann.

schau-e.

dim.

Bewegt.

Tenor I.

Die Sänger. Kein Vers! Kein Ge - fü - ge! Kein Re - gel-reim!

Tenor II.

Kein Vers! Kein Ge - fü - ge!

Bass I. II.

Welch ein Stüm-per und welch ein Frech - ling! Kein Vers!

Bewegt.

Die Mädchen und Frauen.

ff

Sing, Lo - betanz! sing! Lo - betanz! sing!_____

fff

Sing, Lo - betanz sing!_____

Die Sänger.

Kind nennt er die Prin - zes - sin, der Bau - er!!

ff

f

Tromp.

A. 54 D.

48

Der König hebt, Schweigen gebietend, das Lilienszepter. Lobetanz, immer im Blicke der Prinzessin, hebt Bogen und Geige und lässt beide wieder sinken; dann singt er, wie aus einer träumenden Ferne her.

Sehr langsam.
Lobetanz.

Ich steh im Glan - ze wunder-sam   der mir__ aus deinem Himmel kam, hold-selig

Kind von sechzehn Jahren,   weisst du es noch? Es war im Mai, manch Lenzen wehte schon vorbei   da

se - - lig wir bei - sammen waren?   Durch junges Blü-hen

A. 54 D.

schritten wir, und uns're See - - - len sahen sich,

zwei blasse Ro - sen pflückt' ich dir von einemZweigge-schwisterlich; wir waren ganz al-

lein, al-lein im Mai - engrün,Frühson - nenschein und küss - ten uns unschuldig

traut ____ und spielten Bräu - ti-gam und Braut. Weisst du es noch?

Die Prinzessin hat in steigender innerlichster Glücksregung zugehört, sich mehr und mehr erhoben, mehr und mehr sich vergebeugt mit ausgebreiteten Armen und den Blick immer auf Lobetanz gerichtet. Wie dieser geendet hat, sinkt sie mit einem Seufzer nach rückwärts wie tot.

Prinz: Ach!

Der König bückt sich erschrocken über die Prinzessin. Erschrecken im Volke.

Sehr lebhaft.

Bl. *ff*

Str.

Die Sänger. *ff*

Tenor I. II.

Bin - det ihn, ket - tet ihn! Ein Zau - berer! Henkt ihn!

Bass I.

Pi - ke - nie - re! werft ihn in' Thurm! Ein Zau-berer! Henkt ihn!

ff

Bass II.

Pi - kenie-re! Pi - ke - nie - re! werft ihn in' Thurm! Ein Zau-berer! Henkt ihn!

Die Mädchen dringen nach vorn durch die Sänger und bilden eine Gasse für Lobetanz.

VI.

A. 54 D.

Die Mädchen und Frauen.

Flieh', Lo - betanz! Flieh', Lo - betanz! Flieh'!

Lobetanz wirft noch einen Blick auf die Prinzessin, dann wendet er sich rückwärts und ersteigt die Mauer, während die Pikeniere vergeblich versuchen, ihn zu erreichen. Die Mädchen, die Sänger, das Volk drängen zum Thronzelt vor.

Äusserst rasch.

Die Prinzessin schlägt die Augen auf

Langsam.   Prinz. pp

Und spielten

und blickt grossäugig in die Runde.

Bräu-tigam und Braut.

Der Vorhang fällt.

A. 54 D.

Zweiter Aufzug.

Eine Waldwiese. Links ragt ein kleines Försterhaus auf die Scene. In der Mitte, aber ein wenig mehr zum Hause hin, die ganze Scene mit ihren Zweigen überschattend, eine riesige Linde. Um ihren Stamm herum, zweimannshoch etwa, ein Gerüst mit Geländer, zu dem eine Treppe hinaufführt, so, dass eine ihrer Windungen dem Zuschauer sichtbar ist. Rechts junges Buchenholz, in das ein Weg führt.

Vorspiel.

Sehr lebhaft und feurig.

Der Vorhang theilt sich. Lobetanz, barhäuptig,
sitzt rittlings auf dem Geländer der Linde und
geigt.

Lobetanz.

Lenz!__ dei-ne Wun-der sind tief!__

Was__ mir im Her - zen schlief,

Jah - re lang, Jah - re bang, hei,

wie's zum Le - ben drang,__ als dei-ne

A. 54 D.

lo - cken - de Stim - me es rief!___ Le -

- nz, Le - nz, Le -

- nz, O du la - chender leuchten - der Le - - -

- nz, dei - ne Wun - der sind tief!

(der Förster tritt auf)

A. 54 D.

Lobetanz.... Gut Weg und rein Geheg, Meister!
(Der Förster geht rechts über die Wiese ab.)
(Lobetanz reckt die Arme, blickt unter sich, über sich, ganz aufgehend in Sinnen und Schauen.)

In mässiger Bewegung.

Lobetanz.

Hier lasst sich träu-men, was ge-

schah,— und was noch wer - den will! Was will denn

(Er blickt auf.)

werden? Mutter's Au - gen

blau en durch die Zwei-ge; o wie schön!____ und im Win - de

hör ich ih-rer Stimme lind____ Ge - - tön!

♩ = ♩ des vorigen.

Einfach.
(mit halber Stimme.)

Will mein Jun-ge Äp-fel ha-ben, ro-te o-der gä - le?

Hast du zwei-e, hast du drei-e, schäl, mein Junge, schä - le! Schä-le Schalen, lan-ge Bänder,

leg sie um im Krei-se! Iss die Äpfel, Iss die Äpfel, Beiss, mein Junge, bei - sse!

Lob. Und das königliche Fräulein!
Was die für liebe Augen hat!
So ganz liebe!... Und lauter
Glück ist drin, tief unten.
(Er geigt)

Gespr:
Ach, mein liebs,
liebs Mutterl!

A. 54 D.

klar— wie das Was-ser im See,— tief wie das Was-ser im

See— sind dei-ne Au-gen, du Mei - ne, du

cresc.

Mei - ne!

Du Meine!

Ob.

Dummer Junge,
sagt's Mutterl!

ff   p   dim.

quasi pizz.

Langsam.

Ob sie wohl krank
ist? Lag doch wie
eine Tote im Stuhl
zurück.

Nein, nein,
nicht krank,
nicht krank,
du Meine!

Was hock'
ich hier?

Hin soll ich!
Was kümmern
mich die Pi-
keniere!

pp   f   f

A. 54 D.

(Er erhebt sich und will zur Treppe. Da schreitet die Prinzessin rechts aus dem Buchenholz. Sie wendet sich um und ruft.)

Prinzessin... Geht nur und lasst mich hier für mich. Ich will in meine Linde steigen!"
(Lobetanz, wie er sie hört, bleibt angewurzelt stehen, und blickt herab, die Prin-

zessin schreitet langsam über die Waldwiese.)

Prinzessin (In Gedanken verloren.)

Wir waren ganz al - lein,   al - lein!

Allein, ach! Wie nannten ihn die Mädchen?

(verhalten rufend)
Lobetanz! Lobetanz! Lobetanz!

In mässiger Bewegung.

Sing,   Lo - be - tanz sing,

Str.

Sing,   Lo - be - tanz sing!

Lobetanz.

Blau wie das Wasser im See, ___

espr:

A. 54 D.

klar — wie das Was-ser im See, — tief — wie das Was-ser im
See — sind dei-ne Au - gen, du Mei - ne, du Mei-ne!

(Die Prinzessin, die während ihres Singens in die Nähe der Linde gekommen ist,
blickt, als Lobetanz beginnt, glückerschrocken auf. Lobetanz schwingt sich vom
Gerüst herunter, beugt die Knie vor ihr und küsst ihr die Hände.)

zurückgehalten.

Du bist ge-

kom-men, du bist ge-kom-men! Bist du zu mir ge-kom-men, du Mei - ne?

(Die Prinzessin macht ihre Hände los und beugt sich über den knieenden Lobetanz, dass ihre Haare über ihn fluten.)

Prin - zess, Prin - zess, du Mei - - - - ne! Die Vö - - - gel sin - gen im Lin - - den - baum, mir ist es

wie ein se - - li - ger Traum voll gol - den grü - - nem

Ob. Clar.

dim. pp

Schei - - ne!

(Sie steigen langsam zur Linde auf, wo sie sich auf

der Bank, die sich um den Stamm zieht, niederlassen, immer Hand in Hand und Aug' in Aug'. und sich küssend.)

molto cresc.

f cresc. ff pp

A. 54 D.

Immer ruhiger werdend.

Ein klein wenig bewegter.
Lobetanz.

Wie wun-der-sam, wie tief ver-traut: da nim-mer wir uns noch ge-

zart zurückgehalten.

schaut, sind wir uns bei-de her-zens nah wie Bräu-ti-gam und

A. 54 D.

Mässig bewegt.

Lobetanz.

Ein Rit-ter ist's ge-we-sen,

der hat mich aus - ge-sandt, mit Tö - nen aus - er-

le - - sen zu su - chen der Lie - - be Land!

Prinzessin.

Was hat er dir ge-

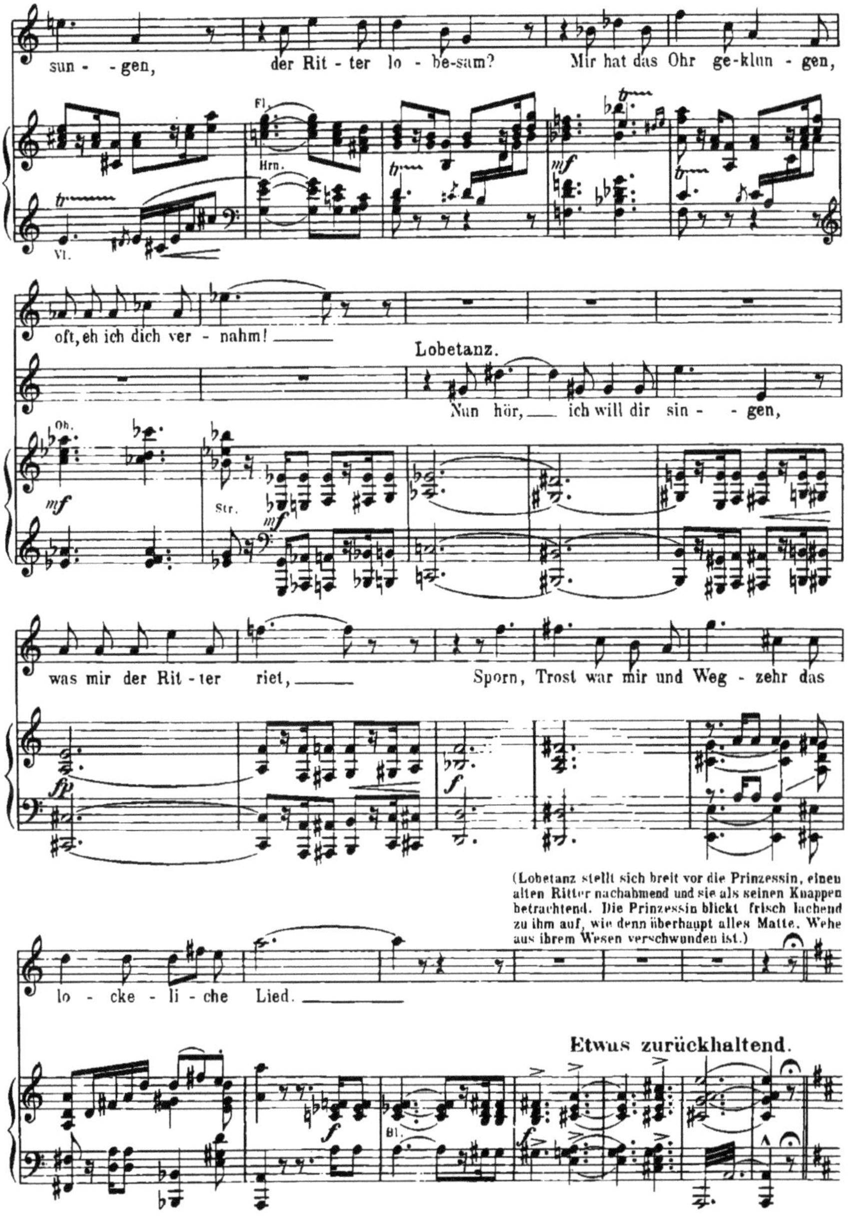
sun - - gen, der Rit - ter lo - be-sam? Mir hat das Ohr ge-klun - gen,
Fl.
Hrn.
mf
Vl.
oft, eh ich dich ver - nahm!
Lobetanz.
Nun hör, ich will dir sin - - gen,
Ob.
mf
Str.
mf
was mir der Rit - ter riet,
Sporn, Trost war mir und Weg - zehr das
fp
f
(Lobetanz stellt sich breit vor die Prinzessin, einen alten Ritter nachahmend und sie als seinen Knappen betrachtend. Die Prinzessin blickt frisch lachend zu ihm auf, wie denn überhaupt alles Matte, Wehe aus ihrem Wesen verschwunden ist.)
lo - cke - li - che Lied.
Etwas zurückhaltend.
f
Bl.
f

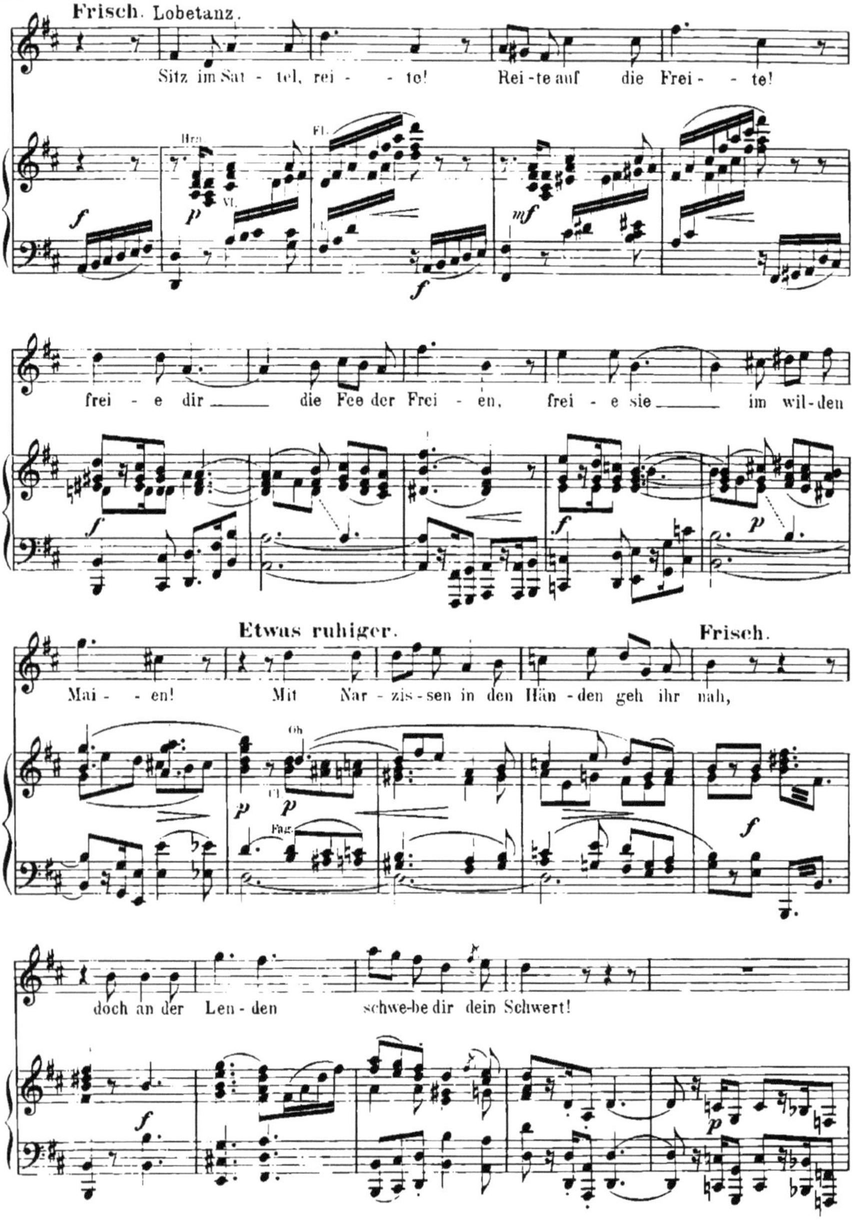
Frisch. Lobetanz.
Sitz im Sat - tel, rei - - te! Rei-te auf die Frei - - te!
Hrn.
Fl.
Vl.
f
p
mf
frei - e dir die Fee der Frei - en, frei - e sie im wil-den
Etwas ruhiger.
Frisch.
Mai - - en! Mit Nar - zis - sen in den Hän - den geh ihr nah,
Ob
Cl
Fag.
doch an der Len - den schwe-be dir dein Schwert!

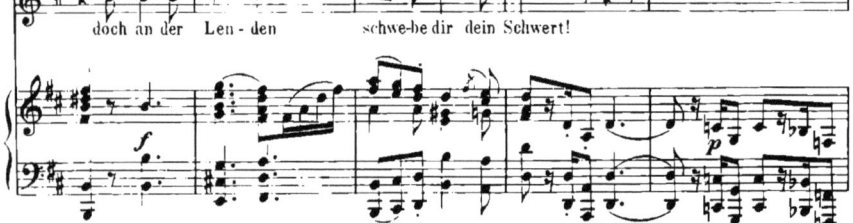

Etwas ruhiger.
(Lobetanz mimt zugleich, was der Text vorschreibt.)

Noch ruhiger.

Sprich zu ihr: Mad - lei - ne, Ro - se, Ro - se, Rei - ne, willst du

dich mir zärt-lich nei - gen? willst du mir den Him - - mel zei - gen?

Sehr langsam.
(Die Prinzessin senkt die Blicke.)

Und sie

Frisch.

wird die Bli - cke sen - ken, wird dir al - le Him - mel schen - -

A. 54 D.

Lobetanz. *p*

Zwi-schen sei - - den-bun - -ten De - cken

Hörner näher.

Orch.

sollst __ du dir dein Glück _____ ver - ste - cken.

Etwas breiter.

Al - le Tho - - re zu - - - - - ge - -

pp

Sehr langsam.

schlos - sen! Däm - - mer-gold ist aus - - - ge-gos-sen

pp

A. 54 D.

Unbemerkt von Lobetanz und der Prinzessin tritt der König an der Spitze des königlichen Jagdzuges rechts durch den jungen Buchenstand. Er schreitet etwa bis zur Hälfte des Abstandes zwischen der Linde und den Buchen, immer den Blick traurig zu Boden gerichtet. Da stürzt einer der Sänger, die auch im Jagdgefolge sind, auf ihn zu und weist auf das Paar in der Linde. Der König blickt auf, schrickt zurück; sein Speer entfällt seiner Hand.

Etwas bewegter.   *non legato*   **Beschleunigend.**

(Er ringt nach Worten.)   **König.**

Greift ihr, Pi-ke-

Lärm. Gerassel. Bewegung im Gefolge. Es tönt das Wort hervor: Zauberer! Zauberer!

nie-re!

Lobetanz und die Prinzessin schrecken aus ihrer Versunkenheit auf, die Prinzessin klammert sich an Lobetanz.

Einige Pikeniere stürmen die Treppe hinauf, indessen Lobetanz die Prinzessin von sich losgemacht hat.

A.54 D.

Der Vorhang fällt.

A.54 D.

Dritter Aufzug.

Vorspiel.

A. 54 D.

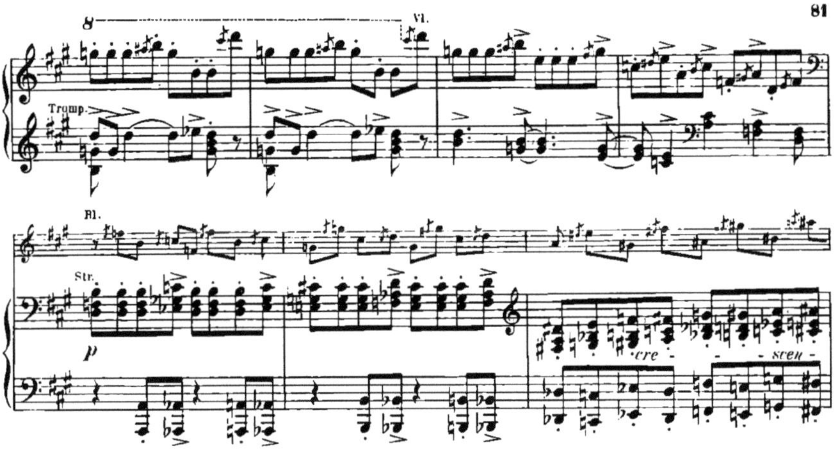

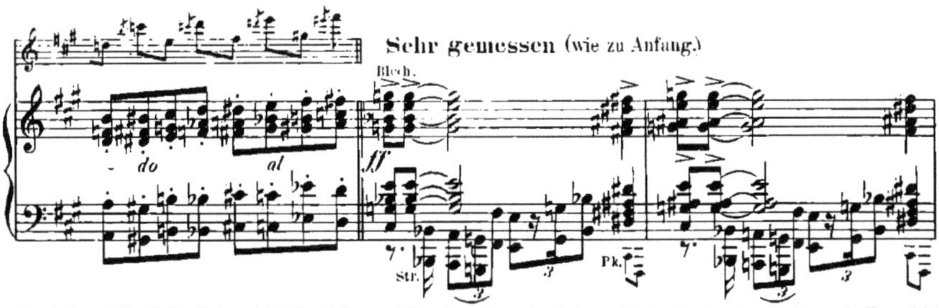

Der Vorhang teilt sich. Ein Kerker. Spärliches Oellampenlicht, während man durch ein vergittertes Fenster das erste Grauen des Tages sieht. Pritschenlager an den Wänden. In der Hinterwand, genau in der Mitte eine eiserne Thüre. Auf den Pritschen liegen mit Ketten an den Füssen, Gefangene darunter zwei Weiber, alle zerlumpt. Lobetanz sitzt ganz rechts auf einer Pritsche die ein wenig dem Beschauer nahe steht. Er hat die Geige auf dem Rücken, die Hände zwischen den Knien gefaltet und blickt zu Boden.

Ein Gefangener.
Gut geschlafen Zaubergeiger?

Ein anderer.
Du Bruder, mit dem Gesichte da, hast du die kleine Prinzess verhext?

A.54 D.

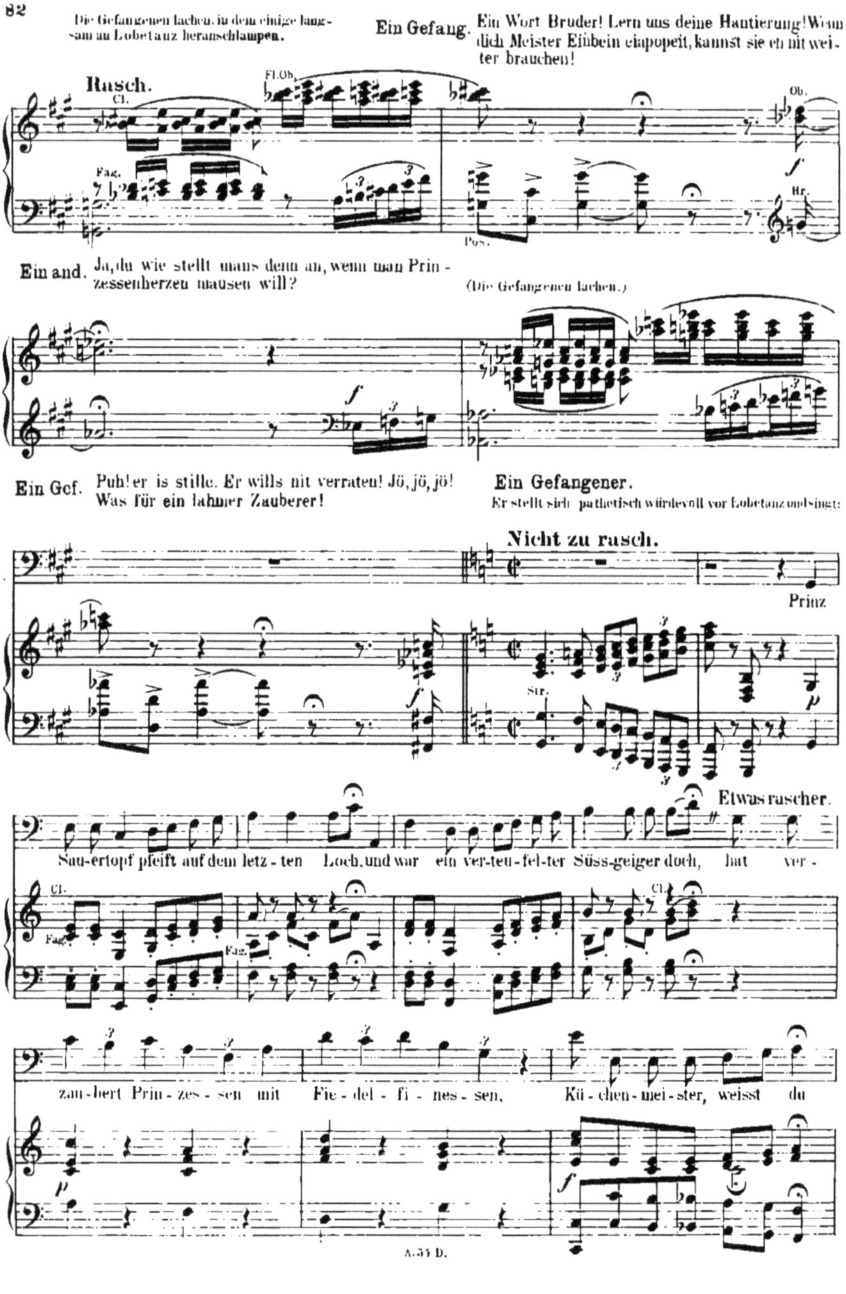

82

Die Gefangenen lachen, in dem einige langsam zu Lobetanz heranschlampen.

Ein Gefang. Ein Wort Bruder! Lern uns deine Hantierung! Wenn
dich Meister Einbein eiapopeit, kannst sie du mit weiter brauchen!

Ein and. Ja, du wie stellt mans denn an, wenn man Prin-
zessenherzen mausen will?

(Die Gefangenen lachen.)

Ein Gef. Puh! er is stille. Er wills nit verraten! Jö, jö, jö!
Was für ein lahmer Zauberer!

Ein Gefangener.
Er stellt sich pathetisch würdevoll vor Lobetanz und singt:

Nicht zu rasch.

Prinz

Etwas rascher.

Sau-ertopf pfeift auf dem letz-ten Loch, und war ein ver-teu-fel-ter Süss-geiger doch, hat ver-

zau-bert Prin-zes-sen mit Fie-del-fi-nes-sen, Kü-chen-mei-ster, weisst du

A.51 D.

Sehr rasch.

wie der Höllen-braten roch? Küchenmeister weisst du, wie der Höllenbraten roch?

Lautes brüllendes Ge-
lächter

Tenöre.

Küchenmeister weisst du, wie der Höllenbraten roch?

Chor. (mit den Ketten rasselnd.)

Bässe.

Sehr rasch.

Ein dritter Gefangener tritt vor, stemmt die Arme in die Seite und singt zu Lobetanz hin:

Etwas zurückhaltend. **Frisch und markig.**

Bist ein junger Ge - sel - le, hei Teufel und Tod!

Tr. Ob.

Str.

Str.

Hr. Fag.

_ sie backen dir schnel - le das letz - letz - te Brot. Bist ein jun - ger Ge - sel - le, schau

Str.

lu - sti - ger drein, _ sie schänken dir schnel - le den letz - letz - ten Wein. Ge -

Ziemlich lebhaft.

storben, ge - stor-ben, ge - stor-ben muss sein, so fahr denn mit Juch - zen zum

Höl - len-loch ein! (Die Gefangenen erheben sich in unbändiger Heiterkeit und begleiten diesen Refrain mit Stampfen ihrer kettenrasselnden Füsse.)

Chor. (grölend)

Ge - stor-ben, ge - stor-ben, ge - stor-ben muss

sein, so fahr denn mit Juch-zen zum Höl - len-loch ein! Ju - hubb!

Unter Lachen lassen sie sich auf ihre Pritschen nieder. Durch das Gitterfenster fällt ein erster zager Morgenrotschein noch wie mit Grau untermischt. Lobetanz blickt auf, nickt langsam mit dem Kopfe, fährt sich durch das Haar, blickt zum Fenster, dann rundum und spricht:

Lob. Wackre Sänger ihr, das muss ich sagen; ihr gefallt mir besser, als die da draussen, die so süsse singen. Euch muss ich auch eins singen, zum Abschied, dass ihr nicht denkt, ich sei braven Kumpanen ein Spielverderber. Ein lustiges Lied ists und handelt vom Tode.

Rasch.

Die Gefangenen: Verdammt!

Lobetanz, Ja, eine lustige Todesballade; — wisst ihr, so eine zum Mitsingen, wenn der Kehrreim kommt, und auch zum Mitspielen, wenn ihr wollt, und zum Mittanzen.

Die Gefangenen: Oh, oh gut! das woll'n wir schon; o ja! was ist denn die Geschichte?

Lobetanz. Ja, denkt euch: ein guter Zecher...

Ein Gefangener. Zecher — das ist gut!

Lobetanz ... ein guter Zecher, den's überkommt, dass er dahin muss, ruft selber den Senser.

Ein Gefangener. Donnerdaus!

Lobetanz ... selber den Senser und lädt ihn zum Wein.

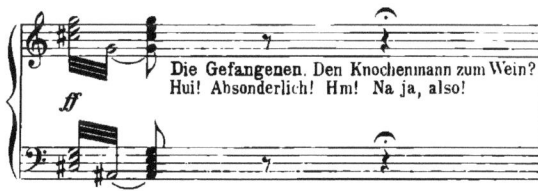

Die Gefangenen. Den Knochenmann zum Wein? Hui! Absonderlich! Hm! Na ja, also!

Ziemlich lebhaft.

Lobetanz.

Stell die Uhr ab, Freund Hein, schenk zum letz-ten Mal ein mei-nen glä-se-nen

Becher mit tief-ro-tem Wein! Lass dein Sen-sen-ge-schwank, setz dich her auf die

Bank, sei ein fried-li-cher Ze-cher und trin-ke nicht Zank!

Gelt der Wein da ist gut?! Bur-gun-de-risch Blut! Molk oft mir im Kel-ler aus

(Die Gefangenen haben sich, wie sie ungefähr die Personen des Liedes merken, um einen ganz alten Gefangenen gruppiert, der teilnamslos am Fussende seiner Pritsche hockt und den Kopf gesenkt hält, so dass man von seinem Gesichte nichts sieht. Sie singen den Kehrreim an ihn hin, wie wenn er der Tod in der Ballade wäre.)

dem Fas-se Mut!   Warum trinkst du denn nicht? O du

kal-kicht Ge - sicht! Trink aus doch!   trink schneller,   lang - wei - li - ger

Wicht!

Chor.   Trink   aus doch!   trink schneller,   lang-wei-li-ger Wicht!

Herr - gott, bist du fad! Es ist tief - jam - - mer - schad, dass der Tod so'n lang - wei - li - ger Zech - ka - - me - rad! Hätt' es nim - mer ge - dacht, dass der Tod bei der Nacht ein Ge - sicht wie ein hei - li - ger Ma - ra - bu macht.

Ge - stor - ben muss sein, doch ich se - he nicht ein, wa -

rum so steif - lei - ne - ne Ze - re - mo - nein! Nur nä - her ge - rückt! Nur die

Clar. Ob. Vl.

p Fag. Fag. Tromp. f Hr.

Gla - tze ge - bückt! Sei die hell - el - fen - bei - ne - ne ro - sen - ge - schmückt!

Chor.

(Die Gefangenen bemühen sich während des Refrains grotesk um den Alten.)

Nur

nä - her ge - rückt! Nur die Gla - tze ge - bückt! Sei die hell - el - fen -

f

A 54 D

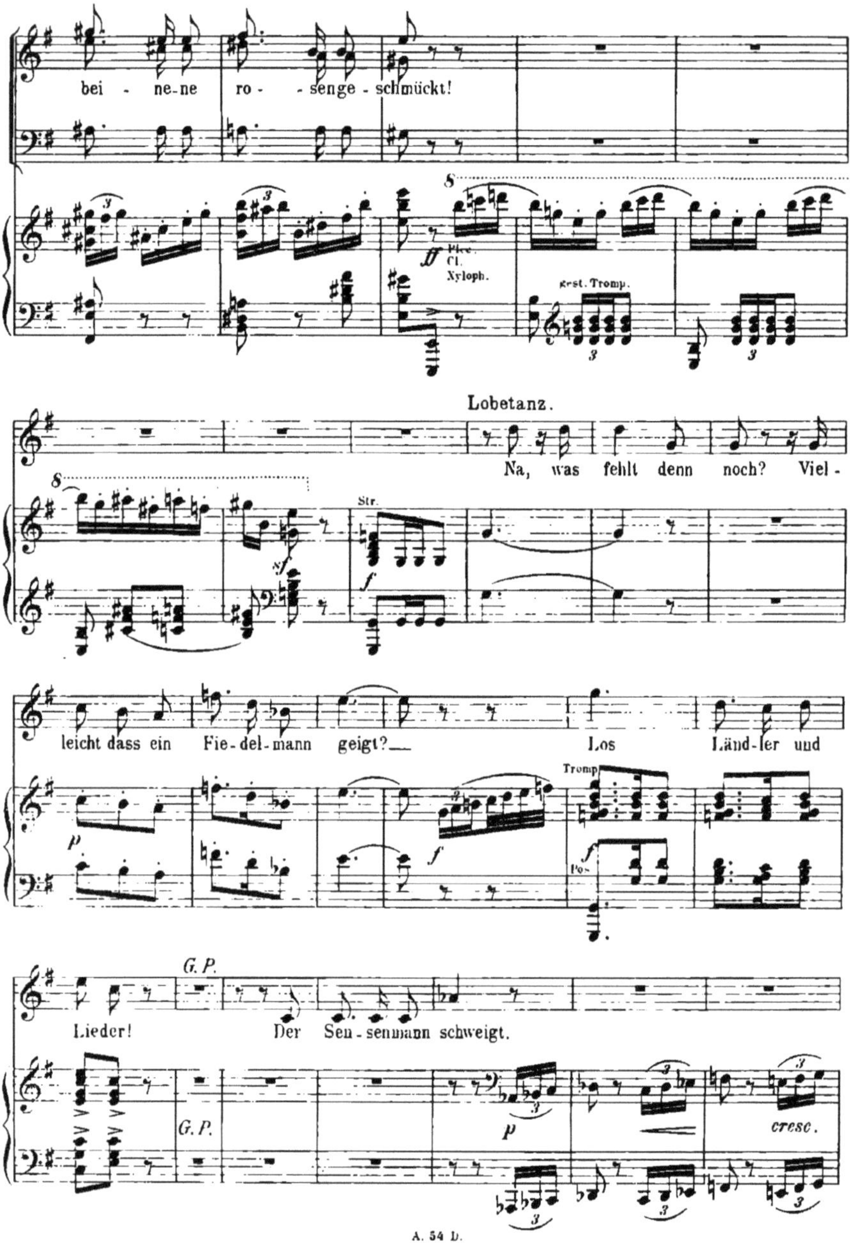
bei - ne-ne ro - senge - schmückt!
8
Picc.
Cl.
Xyloph.
gest. Tromp.
Lobetanz.
Na, was fehlt denn noch? Viel-
8
Str.
sf
f
leicht dass ein Fie-del-mann geigt? —
Los Länd-ler und
Tromp
p
f
Pos
Lieder!
G.P.
Der Sen-senmann schweigt.
G.P.
p
cresc.

Wie, noch im-mer ver-stimmt? Tief scheinst du er-grimmt!

(Die Gefangenen winken, wie von einer Idee gepackt, die Weiber herbei.)

Doch die Lust kommt dem wie-der, der ein Mä - del sich nimmt! Komm her-ein Le - o -

nor! Tanz dem To - de was vor, in - des - sen Be - lin - de ihn

krau - e am Ohr.

Chor.

Komm her - ein Le - o - nor! tanz dem To - de was

A 54 D

vor, in - des - sen Be - lin - - de ihn krau - e am Ohr!

Mässig zu beginnen.
Lobetanz.

(Die beiden Weiber beginnen vor dem Alten zu tanzen, der indessen immer gleich unbeweglich und abwesend blickt.)

Und es kom - men zu zwei'n die Mäd - chen her - ein, und es sin - gen ge -

lin - de Geig' und Schal - mei'n. Ist ein lu - sti - ger Takt, und die

94

(Der Alte ergreift die Hände der Weiber und führt sie gleichsam zum Tanze vor.)

la - den zum Plan. Sind auch splitter - nackt, tan-zen auch nach dem Takt, und des

(Im Folgenden kommt der Alte, der dann auch die Geste des Schalmeien-

To - des Schal - mei - e, die flö - -tet ver - trackt. Ist ein Men - schenge -

blasens macht, mit den Weibern, die wieder zu tanzen beginnen, näher und näher an Lobetanz heran.)

bein, ge - - drech - selt fein, ih - re Tanz - lie - der

(Die Gefangenen halten sich ganz ruhig in Gesammtheit zuschauend, nur das Rasseln ihrer Ketten begleitet unausgesetzt Lobetanzens Gesang.)

klin - - gen wie Feg - - feu - er - schrei'n! Und es schrillt die Schal -

A 54 D

mei und es pa - cken die zwei und dre - hen und wen - den im

Beschleunigend

(Die Weiber machen hier den Versuch, Lobetanz anzu-
packen, der sie mit dem Ausdruck entsetzten Ekels zurückstösst.)

Tan - ze ihn frei. Leer - äu - gig und kalt und miss-gestalt sind die

p f p f p

Pos.

Tän - ze - rin - nen und mo - der - alt.

f p cresc. -

In grin - sen - der Ruh, Tu - ru -

Von hier an immer rascher

Fl. Picc.

p

Str.

A. 54 D.

lu, tu-ru-lu___ spielt der Sen-sen-mann

sel — ber den Hop-ser da-zu. ___

Bis der A — tem ver-geht und das Herz

schrill

oder:

stil-le steht, und die See — le dem Tän-zer zur

ff

A. 54 D.

oder:

Höl - - - - - - le weht. _____

(Die Weiber, die schliesslich ganz

rasende Tanzbewegungen gemacht haben, sinken erschöpft an der Pritsche Lobetanzens nieder. Alles ist still, nur der Alte singt, die Geste des Schalmeiblasens nachahmend:)

Der Alte.

Tu-ru-lu,   tu-ru-lu, ___

Doppelt so langsam.

Tu-ru-lu,   tu-ru-lu! ___

(Lobetanz hat das Haupt auf die Brust sinken lassen — da öffnet sich die Thüre und von grellroter Morgenhelle wie von glühendem Rot eingerahmt, steht der Henker, hinter ihm zwei Trommler. Lobetanz, von dem grellen Rot getroffen, erhebt sich rasch, fährt sich durchs Haar, nimmt seine Geige in die linke, seinen Bogen in die rechte Hand und schreitet zu dem stumm winkenden Henker. Dieser legt die rechte Hand auf seine Schulter.)

A. 54 D.

Quasi Prestissimo.

furioso

Doppelt so langsam.
Der Alte.

Turu-lu, turu-lu!

Auf diesen Schlag des Orche-
sters schlägt die Thüre, wie
von einem Windstoss zu und in

Turulu, turu-lu!

A. 54 D.

demselben Augenblick verfinstert sich die Scene vollständig.   Verwandlung bei offener Scene.)

A 54 D.

(Es ist allmählig heller geworden, so dass man, anfangs nur wie im Morgengrauen, die Scenerie des vierten Bildes erkennt: eine kahle Wiese, die im Hintergrunde, wo von ferne ein Wald herüberragt, amphitheatralisch aufsteigt. In der Mitte ein Hügel, der von zwei Pappeln flankiert ist. Auf dem Hügel der Galgen, mit herabhängendem Stricke. An jeder Pappel steht ein riesiger Pikenier, die eingestemmte Hellebarde seitlich schräg abhaltend.)

(Von allen Seiten kommt nun, leise murmelnd, bang erwartungsvoll das Volk; die Scene erhellt sich mehr und mehr, schliesslich fällt breit von einer Seite Morgenröte darüber. Einer aus dem Volke, ein junger Bursch, der in der vordersten

Gruppe links sitzt, singt halblaut seinen Kameraden das nachfolgende Lied:)

Junger Bursch.

Noch e-he die Sonne den

A. 54 D.

Nebel hob heut früh, das Mä-del mich aus der Thüre schob heut früh. Leb'

Violen geth.

p

Vcl. geth.

wohl, leb'wohl mei-ne braune Ma-rei. zu schnell, zu schnell ging die Nacht vor - bei, ich ver-

Clar.

Fag.

pp

Fag.

gassz wei Küs-se o - der auch drei heut früh!

Ten.

Chor.

ppp

Ich ver-gass zwei Küs-se o - der auch drei heut

Bass.

ppp

Str.

Kalt war's und die Grä-ser reifnass heut früh, schnell ging meinen Weg ich

Sopran. Alt.
heut früh!

Tenor.
früh! heut früh!

Bass.

p

fürbass heut früh. Mir war's, ich hört' ei-nen bangen Schrei, verdammt: da kam ich am

Gal - gen vorbei, dran schwangen im Winde zwei o-der auch drei heut früh!

Tenor.
dran schwangen im Winde zwei

Bass.

E.H.

A. 54 D.

Breit.

heut früh!

o- der auch drei heut früh! heut früh!

Pos. hinter der Scene. **Breit.**

pp *f*

Orch.

accelerando

Trommeln auf der Scene.

ff

(Von rechts kommt der Zug des Henkers. Voran mit rotumwundenen Instrumenten drei Posaunisten, dunkelrot gekleidet. Hinter ihnen drei Trommler, dann rotuniformierte Pikeniere, dann der Richter in Schwarz, dann der Henker, der seine linke Hand auf Lobetanzens rechter Schulter liegen hat; dann wieder Pikeniere, dann die Mädchen (in Weiss). Die Trommler stellen sich an die rechte, die Posaunisten an die linke Pappel. Die Pikeniere verteilen sich rechts und links. Die Mädchen stellen sich links vom Galgen auf; der Henker und Lobetanz direkt vor dem Galgenhügel.)

Pos. auf der Bühne. Orch.

acce-

-lerando *ff* *f*

Trommeln.

Der Richter hat den Galgenhügel bestiegen, winkt
Lobetanz und dem Henker und spricht (jest
ab) zum Volke gewendet .... Verhext und
eingebannt in seinen schlimmen Wil-
len unsres guten Königs liebes Kind.

Der Richter... Und hat ihr
armes, reines, junges Herz so jäh
verkehrt, dass ihm es irre schlug.

A. 54 D.

Die Mädchen.

Ach Lo-be-tanz!

Der Richter...Und ihr vielholder Mund sprach noch kein Wort, seit man den Hexenmeister von ihr riss.

Etwas bewegter.
Die Mädchen.

Ach Lo-be-tanz!

Der Richter. ... Damit sein Frevel Sühne gebe und sein Tod zum Leben rufe unser Königskind.

Wie früher.
Die Mädchen.

Ach Lo-be-tanz!

Der Richter .... So wird aus Tod das Leben, spricht die Wissenschaft! (Bewegung im Volke.)

(Beim Klange der Hörner drehen sich Richter, Henker und Lobetanz um. Es erscheint (von links) der Zug des Königs und der Prinzessin. Vorne, mit umflorten Instrumenten vier Hornisten, dann, ganz allein, zur Seite der Bahre der Prinzessin, der König, dann die Sänger etc. alles in Schwarz. Nur die Prinzessin, die auf einer roten Bahre liegt, ist in weisser Seide. Sie ist ganz blass und macht den Eindruck einer Toten. Auf dem Haupte hat sie einen Kranz von Mairosen. Die Sänger stellen sich rechts vom Galgenhügel auf, die Bahre wird vor den Hügel gestellt. Der König sinkt davor nieder und verbirgt sein Haupt.)

Sehr langsam, marschartig. 4 Hörner hinter, später auf der Bühne.

Str.
Orch.

Lobetanz: Sieh, wie soll aus meinem Tode ihr Leben werden . . . .
. . . . und mir ist, als ob das Leben deines lieben Kindes in meiner Geige wäre.

(Lobetanz: Als ob er betete, hebt beide Arme hoch, sieht inbrünstig
erst ins Antlitz der Prinzessin, dann zum Himmel, dann hebt er sanft den

Fiedelbogen, küsst ihn leise   Mutterl, liebs Mutterl weit,
und spricht ganz für sich:)   nun hilf deinem Jungen!!

(Während des Geigens ruht Lobetanzens Blick
immer auf dem Antlitz der Prinzessin.)

(Er geigt.)

A. 54 D.

A. 54 D.

freu - ten, da friedevoll blau - ten Hell - himmels-au - gen durchs Grün unsrer

Prinzessin (etwas lauter)

Lin - de?

Rascher.

Lin - de? Thue sie auf meinem Lie - de, du Mei - ne, dei-ne Blau-

augen voll himmlischem Schei - ne die uns ge - leuch - tet im Dämmer der Lin - de!

Prinzessin (die Augen aufschlagend, erstaunt)

Lin - - - - de.

A. 54 D.

Lobetanz (fröhlich und laut)

Blau wie das Wasser im See, ___ klar, wie das Wasser im See, ___

tief, ___ wie das Wasser im See sind deine Au - gen, du

Prinzessin.

Mei - ne, du Mei - ne! du Mei -

(Setzt sich auf und blickt ihn selig an.)

molto cresc.

p cresc.

f

(Sie will zu ihm, da sieht sie erst die Menge
und den König, der sie an sich ziehen will. Sie
wehrt ihm und senkt scheu den Kopf.)

Lobetanz (innig)

- ner! du Mei - ner! Fürch -

Clar.

p

A. 54 D.

- te, fürch - te dich nicht! Al - - les ist Glück und Glanz. Früh - ling hat

Wun - der ge-than, Tan - ze den Mai - - en - tanz!

Ob.

poco rit.

Langsames Walzertempo.

Str.

p

(Die Prinzessin ganz schwach, ruht im Arme zweier Mädchen und blickt
selig zu Lobetanz auf, der keinen Blick von ihr wendend, flott geigt
und singt.)

Blü - ten - blät - - ter

jagt der Wind von den jun - gen Zwei - - gen,

die sich nun im er - sten Sturm, Früh - - lings-
stur - - me nei - - gen. Ro - sen-
ro - - te Ap - fel - blüh tanzt mit schnee - ig
wei - - - - ssen Kir - schen-blü - - ten Rin - - gel-

Horn.
Cl.
p
Fl.
Hrf.
poco ritenuto a tempo
cresc.
Ob.
Solo Viol.
Horn.
p

A.54 D.

reih hell im Wir - bel-krei - - sen.

Jun - ge Bir - ken beu - gen sich jung - fern-grün im

Win - - de, lei - se wis - perts, froh er -

staunt, in der al - ten Lin - - de.

A. 54 D.

118

Flottes Walzertempo.

Hei - a! er - ster Früh - lings - sturm, Blü - ten - blät - ter -

fe - - ger! Sei ge - grüsst Lenz - jun - ker Wind,

al - - - ter - lieb - ster Jä - - ger. Nicht zum

Mor - de ruft dein Horn, ___ ruft zu Tanz und

A. 54 D.

Le - - ben. Ü - ber Dei - nem Hus - - sa - zug

Schmet - ter - lin - ge schwe - - ben. Letz - tes

Win - ter - weh - - tun treibt dein Hal - lih von

hin - nen. Hü - te hoch! und Ju - hu - hu!!

A. 54 D.

Mai - tanz soll _ be - gin - - nen!

(Jetzt lässt sich das Volk, das schon während der letzten Strophen in Tanz-
akt getreten ist, nimmer halten. Es fassen sich Mädel und Buben, Alte und
Junge, der Henker den Richter — sogar die Sänger tanzen mit ihren Harfen grotesk verzückt. Auch die Prinzessin, im Arme der Mädchen, bewegt
sich und der König kann sich kaum mehr am Flecke halten).

Wie der Blü - ten-

blät - ter-schnee woll'n wir Wir - - bel dre - - hen.

hen. wie's der al - - te Gal - gen-stamm

A. 34 D.

nim - - mer noch ge - se - - - hen. Flö - - te

ki-chert. Gei - ge singt. und der Bass brumnt hie - - -

der. doch der Lenz - wind ü - - ber uns

hat die schön - sten Lie - - - der. Hat die gro - sse

A. 54 D.

Me - lo - dei, hel - le Sturm - lust - wei - - -
se, nach des Len - zen Pfei - fe tanzt.
tanzt ___ die fro - hen Krei - se!

rit. ___ *a tempo*

Die Melodie in der linken Hand hervorheben.

mf
Hrn.
cresc.
p

(Die Prinzessin hat sich von den Mädchen losgemacht und stürmt den Galgenhügel hinauf, Lobetanz in die Arme.)

Nun selige Umarmung.

Breit.

rit.

ff dim. - - - p dim.-

Ziemlich lebhaft.

Die Braunen (übermüthig)

(Aus der Luft kommt ein lautes „Kräh!"und aus dem Schnabel eines über den Galgen fliegenden Raben fällt Lobetanzens Barett herunter, den Galgen bekrönend.)

(Lautes Gelächter in dem Alles emporblickt)

Der Galgen be-mützt,der Galgen be-

gestopfte Tromp.

p Bl.

A. 54 D.